AF561140

ANTIQUITÉS CHYPRIOTES

BIJOUX

VASES EN TERRE CUITE ET VERRES ANTIQUES

MÉDAILLES

GRECQUES ET ROMAINES

Provenant du Cabinet de M. T****

DONT LA VENTE AUX ENCHÈRES PUBLIQUES

aura lieu

HOTEL DES COMMISSAIRES-PRISEURS, RUE DROUOT, N° 5

SALLE N° 4, AU PREMIER ÉTAGE

Les Vendredi 22 et Samedi 23 Mai 1874

A une heure précise

Me **DELBERGUE-CORMONT**, Commissaire-Priseur,
8, rue de Provence.

M. **HOFFMANN**, Expert, 33, **QUAI VOLTAIRE**.

Chez lesquels se distribue le Catalogue.

Exposition : *Les jours de vente, de midi à une heure*

PARIS — 1874

AVERTISSEMENT

Dans l'impossibilité où nous sommes de faire une exposition publique des antiquités chypriotes décrites dans ce catalogue, nous nous permettons d'y appeler l'attention des amateurs. Les douze collections dont se compose cet envoi et qui proviennent de fouilles récentes, renferment non-seulement des objets très-curieux au point de vue de l'histoire de l'art, mais un grand nombre de verres et de poteries antiques que nous vendrons en lots à la suite de chaque collection.

CONDITIONS DE LA VENTE

Elle sera faite expressément au comptant.

Les acquéreurs payeront *cinq pour cent* en sus des prix d'adjudication.

Les lots pourront être divisés au gré de l'expert.

Paris. — Typ. PILLET fils aîné, rue des Gr.-Augustins, 5.

ANTIQUITÉS CHYPRIOTES

Première Collection

I. BIJOUX, ETC.

1. Bague en or, en torsade, ornée d'une cornaline.
2. Deux bagues en or, avec ornements gravés à la pointe.
3. Une paire de boucles d'oreilles en or, se composant d'un petit quadrilatère orné d'une pâte bleue, et d'une plaque triangulaire mobile avec cloisonnage.
4. Une paire de boucles d'oreilles en or, en forme de baie surmontée d'un disque plat.
5. Une paire de boucles d'oreilles en torsade, ornée de têtes de taureaux. Ancien style.
6. Autre paire du même genre, mais plus petite et ornée de têtes de bouquetins, les yeux incrustés de pâtes.
7. Trois boucles d'oreilles analogues, dépareillées (têtes de taureaux et de bouquetin).
8. Boucle d'oreille, décorée d'une tête de Bacchante couronnée de lierre.
9. Deux paires de boucles d'oreilles en forme d'anneaux et une boucle dépareillée (genre du n° 4).
10. Petit tube en or, muni de trois anneaux.

11. Tête de Méduse ; camée, sardonyx oriental.
12. Buste drapé de face. Camée en pâte de verre. Monture moderne.
13. Un petit lot de médailles de cuivre trouvées dans l'île de Chypre.

II. VERRES

VERRES DE COULEUR

14. Flacon bleu ; belle irisation.
15. Petit flacon bleu clair, à orifice trilobé, la panse entourée de fils blancs.
16. Flacon en verre violet.
17. Flacon allongé, verre vert.
18. Fiole allongée, terminée en pointe, verre verdâtre. — Autre en verre jaune. — Petit flacon bleu.

VERRES BLANCS

19. Grand flacon, la panse en forme de patère renversée.
20. Coupe côtelée ; magnifique irisation.
21. Coupe godronnée.
22. Patère ombiliquée.
23. Petite patère.
24. Guttus.
25. Verre à boire se rétrécissant vers le bas.
26. Autre, à orifice évasé.
27. Autre, plus petit.

28. Flacon piriforme, l'anse ornée de demi-disques.

29. Autre, plus petit.

30. Petite coupe munie d'un pied.

31. Petite coupe ombiliquée. Belle irisation.

32. Flacon à large goulot.

33. Flacon piriforme.

34. Petit flacon à anse plate.

35. Petit verre à boire irisé.

36. Deux autres se rétrécissant vers le haut.

37. Verre à boire.

38. Deux flacons à onguent.

39. Autre, plus petit, irisation verte et argentée.

40. Petit flacon, irisation marbrée.

41. Petit flacon, irisation nacrée.

42. Quatre verres analogues de forme variées.

43. Sous ce numéro seront vendus les doubles des verres précédents.

III. ALBATRE, TERRES CUITES, ETC.

44. Petit flacon en albâtre.

45. Lion (ancien style) ; pierre calcaire.

46. Trois fragments de figurines de l'ancien style, représentant des femmes terminées en gaîne et portant des oiseaux. Peintures rouge et noire. Terre cuite.

47. Femme jouant du tambourin. Figurine du même genre.

48. Trois fragments de figurines : joueuses de tambourin.

49. Deux autres : femmes portant des ténies (?)

50. Petit groupe fragmenté (homme embrassant une femme).

51. Douze têtes de femmes, fragments de figurines. Peintures rouge et noire.

52. Dix-neuf têtes du même genre.

53. Tête de chevreuil décharnée. Terre cuite ; ancien style.

54. Quatre petites têtes de femmes diadémées. Beau style.

55. Quatre autres avec ou sans diadème.

IV. LAMPES

56. Amour portant une coquille et un balsamarium. — Sirène. — Actéon.

57. Bige. — Gladiateur. — Armes de gladiateur (*sica*, casque et bouclier). ℞ MA.

58. Pégase. — Cerf.

59. Aigle éployé, et sur le manche : palmette.

60. Aigle. — Colombe sur un rameau. — Petit oiseau sur une branche.

61. Dauphin. — Deux dauphins.

62. Lampe byzantine, décorée d'une croix grecque et de la légende circulaire : φῶς Χ(ριστο)ῦ φενι (pour φαίνει) πᾶσιν.

63. Bordure de raisins et de pampres. — Animal courant.

V. VASES DE L'ANCIEN STYLE

64. Gourde lenticulaire.
65. Gourde munie d'une anse et de 18 oreillettes.
66. Gourde avec 13 oreillettes.
67. Petite gourde ornée de 12 appendices.
68. Vase en forme d'oie. Peinture rouge et noire.
69. Grande œnochoé à panse sphérique, le goulot terminé par une tête d'animal. Cercles concentriques rouges et noirs.
70. Très-belle amphore, décorée de peintures (vases, oiseaux picotant des baies, dauphins, etc.).
71. Œnochoé représentant un oiseau aquatique ; l'orifice orné de deux yeux.
72. Autre.
73. Deux petites œnochoés ornées, l'une d'une ténie, l'autre de cercles concentriques.
74. Coupe.
75. Deux guttus.
76. Cinq patères de grandeurs différentes.
77. Treize petits vases de formes variées.
78. Grande amphore, décorée d'une frise d'animaux.

VI. VASES A PEINTURES NOIRES

SUR FOND ROUGE

79. Amphorisques, coupes, patères, lécythus, guttus, œnochoé, petit flacons, etc., de formes variées.

VII. VASES VERNISSÉS

80. Grand flacon rouge vernissé. Forme rare.

81. Plusieurs œnochoés, cyathus, etc., de formes variées.

Deuxième Collection

82. Très-belle chaîne d'or terminée par deux petits disques bombés et entourés de couronnes de myrte. Trouvée à Larnaka.

83. Une paire de boucles d'oreilles en or, terminées par deux têtes de bouquetin. Ancien style. Trouvée à Dohni.

84. Bague d'enfant en or, avec une pierre gravée représentant une tête (cornaline). Trouvée à Larnaka.

85. Tiers de sou d'or de Justin Ier, ℞ Victoire. — Troué. Trouvé à Luricina.

86. Petite monnaie d'or d'Evagoras, roi de Chypre. Tête mitrée du roi, à g. ℞ tête casquée de Minerve à g. — Trouée. — Trouvée à Maron.

87. Petite médaille chrétienne (moderne) en or. Trouée. — Trouvée à Cerigna.

88. Médaille chypriote en Æ. Sphinx assis à g. ℞ calice de fleur. Trouvée à Paralimni.

89. Médaillon d'Æ de Vespasien, frappé à Paphos. ЄΤΟΥϹ ΝЄΟΥ ΙЄΡΟΥ Ι. Trouvé à Saint-Serghi.

90. Capricorne surmonté d'une étoile. ℞ Scorpion. Médaille de cuivre, trouvée à Ahna.

91. Figurine égyptienne en faïence blanche.

92. Œuf trouvé dans un tombeau.

93. Figurine de bronze. — Vénus chypriote; figurine en terre cuite. — Phallus votif en terre cuite.

94. Flacon en verre opaque (brun, jaune, blanc et vert) trouvé à Paralimni.

95. Petit flacon piriforme en verre bleu, entouré d'un fil blanc en relief. Trouvé à Santa Barbara.

96. Flacon en verre bleu, trouvé à Larnaka.

97. Six verres blancs de formes différentes, trouvés à Santa Barbara, à Psevda, à Larnaka et à Dali.

Troisième Collection

98. Fragments d'un grand diadème funéraire en or pâle, orné de rosaces.

99. Deux petits fragments d'un diadème d'or estampé, représentant des griffons.

100. Petit cylindre d'or, décoré de granulations d'une extrême délicatesse.

101. Trois petits cylindres d'or et quelques grains de collier (cornaline, chalcédoine, etc.)

102. Balle de fronde en plomb. — Petit vase byzantin (ampoule pour les saintes huiles). — Anneau en bronze.

103. Petit miroir en bronze avec son couvercle.

104. Masque de femme et masque d'Harpocrate. Terre cuite.

105. Buste d'Hercule couvert de feuilles; petites têtes et une grappe de raisin en terre cuite. Beau style grec.

Quatrième Collection

BIJOUX D'OR

106. Diadème estampé orné de palmettes.
107. Bague avec un grenat en cabochon.
108. Autre, cordelée, avec une cornaline en cabochon.
109. Autre, ornée d'une pâte de verre rouge.
110. Autre, brisée avec une intaille (grenat) représentant Minerve.
111. Bague d'enfant avec légende (ἐπ' ἀγαθῷ) au pointillé.
112. Bague double; ornements gravés : palme et figurine.
113. Bague avec un V gravé à la pointe.
114. Bague en forme de serpent enroulé.
115. Une paire de boucles d'oreilles de l'ancien style, ornées de têtes de dauphins et de perles en pâte vitreuse. Ancien style.
116. Une paire de boucles d'oreilles décorées de têtes de bouquetin. Ancien style.
117. Une paire analogue, de magnifique conservation.
118. Trois boucles d'oreilles de la même forme, dépareillées.
119. Une paire de boucles d'oreilles ornées de têtes de lions. Ancien style.
120. Trois boucles d'oreilles dépareillées, ornées, l'une d'une tête de lion, l'autre d'une tête de taureau, la troisième d'une tête de chimère. Ancien style.

121. Une paire de boucles d'oreilles du même genre, mais écrasées.

122. Boucle d'oreille de l'ancien style, ornée de deux cylindres mobiles et d'un double masque de taureau.

123. Une paire de boucles d'oreilles en forme de fleurs; travaillées à jour.

124. Une paire de forme analogue avec des pâtes de verre rouge enchâssées au milieu.

125. Boucle d'oreille ornée d'une grappe de groseilles.

126. Une paire de boucles d'oreilles ornées de cornalines et de pendantifs.

127. Une paire analogue, avec des pâtes vitreuses.

128. Une paire analogue, avec des pâtes imitant l'émeraude.

129. Une paire de boucles d'oreilles en forme de baies, surmontées de petits disques plats.

130. Une paire analogue, plus petite.

131. Une paire de pendants d'oreilles en forme d'abeilles.

132. Une paire de pendants d'oreilles en forme de croissants, aux bords granulés.

133. Quatre autres paires, plus simples.

134. Une paire de boucles d'oreilles en forme de spirale.

135. Autre paire, plus petite.

136. Autre paire, en or pâle.

137. Une paire de boucles d'oreilles en forme d'anneaux entourés de fils d'or et ornés de petits disques.

138. Deux paires semblables au numéro précédent, mais plus petites.

139. Deux autres, plus simples.

140. Trois paires de boucles d'oreilles sans ornementation.

141. Deux paires de boucles d'oreilles avec des pendantifs.

142. Charmante boucle d'oreille en forme de pelte, avec une pâte incrustée et un pendantif.

143. Petit cylindre orné de granulations d'une extrême finesse.

Cinquième Collection

144. Bague d'or avec un grenat en cabochon.

145. Bague d'or avec une intaille représentant Minerve (grenat).

146. Pierre gravée (nicolo) représentant un cavalier. — Scarabée égyptien en terre émaillée.

147. Une paire de boucles d'oreilles en or ornées de pendantifs triangulaires, etc.

148. Magnifique baril peint, de style phénicien, représentant deux personnages drapés, deux oiseaux et deux palmettes. Couleurs noire et pourpre sur fond clair.

149. Figurine phénicienne terminée en gaîne : Guerrier casqué, armé d'un bouclier circulaire et d'une lance. Couleurs rouge et noire. Terre cuite. Trouvée à Carparre.

150. Petit cavalier du même style. Même provenance. Terre cuite.

151. Quadrupède trouvé à Larnaka (Citium). Terre cuite.

152. Vénus chypriote. Terre cuite.

153. Jeune fille drapée. Figurine en terre cuite; beau style grec. Trouvée à Larnaka.

154. Enfant bachique vêtu d'une tunique courte et d'une nébride; une panthère à ses pieds. Figurine en terre cuite trouvée à Larnaka.

Sixième Collection

VERRES

155. Petite amphore en verre opaque (ornements blancs et jaunes sur fond brun.)

156. Flacon pomiforme côtelé. Verre bleu.

157. Petit flacon à onguent. Verre bleu.

158. Flacon terminé en pointe. Verre jaune.

159. Petit flacon en verre bleuâtre. Même forme.

160. Flacon à goulot allongé. Verre verdâtre; irisation à reflets métalliques.

161. Autre, plus petit; irisation bleue et verte à reflets d'or.

162. Flacon globulaire. Verre jaune.

162 *bis*. Patère en verre jaune.

163. Coupe en verre jaune.

164. Coupe ombiliquée, verre blanc jouant sur le jaune.

165. Autre, plus petite.

166. Verre à boire. Même couleur.

167. Autre, plus petit.

168. Flacon en verre blanc, recouvert d'une patine marbrée (Pavonazzetto).

169. Autre à goulot allongé. Même patine.

170. Grand flacon piriforme. Même patine.

171. Œnochoé en verre blanc, l'anse ornée de demi-disques.

172. Petit flacon à une anse. Patine marbrée à reflets d'or.

173. Guttus.

174. Autre, plus petit.

175. Petit flacon en forme de fuseau.

176. Flacon orné de lignes concentriques.

177. Flacon piriforme, à goulot en forme d'entonnoir.

178. Verre à boire, comprimé et très-léger.

179. Flacon en verre verdâtre, à parois épaisses. Orifice brisé.

180. Petit flacon à baume ; irisation nacrée.

181. Quatre autres.

182. Petit flacon allongé. Même irisation.

183. Coupe côtelée.

184. Coupe en verre verdâtre.

185. Verre à boire avec son couvercle.

186. Petite coupe.

187. Verre à boire irisé.

188. Deux autres.

189. Verre se rétrécissant vers le haut et orné de fils en relief qui font le tour de l'orifice.

190. Verre analogue ; irisation verte.

191. Autre ; irisation marbrée.

192. Flacon piriforme.

193. Flacon à goulot allongé.

194. Grand flacon à panse écrasée et à goulot allongé.

195. Autre ; patine marbrée.

196. Petit flacon piriforme, le col entouré d'un fil en relief.

197. Trois petits flacons de formes variées.

198. Sous ce numéro seront vendus quelques doubles et une grande patère brisée.

Septième Collection

199. Grand flacon en albâtre, tr. à Larnaka (Citium).

200. Char à deux roues, en terre cuite peinte (ornements rouges et noirs). Ancien style, tr. à Carparre.

201. Grand vase sphérique, de style phénicien, orné d'un bouquet de feuilles et de cercles concentriques (rouge et noir sur fond clair), tr. à Carparre.

202. Œnochoé phénicienne, ornée d'une rosace, etc. Même style et même provenance.

203. Petite œnochoé peinte ; style phénicien.

204. Amphore phénicienne, ornements peints en échiquier.

205. Coupe du même style, ornée de deux oiseaux.

206. Scyphus à deux anses, même style.

207. Sept patères peintes, même style.

208. Rhyton en terre cuite, terminé par une tête de biche, tr. à Larnaka.

209. Miroir en bronze, tr. à Larnaka, et vase de bronze, tr. à Salamine.

210. Trois petits disques à oreillettes (terre cuite), tr. à Carparre.

211. Œnochoé à panse globulaire, ornée d'un poisson et de cercles concentriques (couleur noire sur fond rouge).

212. Sous ce numéro seront vendus quelques vases en terre cuite rouge avec ornements peints en noir, etc.

Huitième Collection

ALBATRE, ETC.

213. Petit vase phénicien en albâtre.

214. Petit alabastron, même matière.

215. Cinq cylindres gravés, une figurine égyptienne en terre émaillée bleue, un masque en pâte vitreuse et un petit médaillon en verre jaune (lion et étoile).

216. Flacon phénicien en pierre verte tendre, orné d'imbrications.

TERRES CUITES

217. Homme barbu portant un quadrupède. Figurine peinte de l'ancien style, terminée en gaîne.

218. Vénus Chypriote. — Deux petits médaillons (masques ailés).

219. Quatre petites têtes.

VASES DE L'ANCIEN STYLE

ORNEMENTS ROUGE ET NOIR SUR FOND BLANC

220. Gourde ornée d'un buste de femme. Forme très-rare.

221. Lécythus quadrilatère, orné d'une colombe en ronde bosse.

222. Petite outre, ornée d'une tête d'animal.

223. Autre du même style.

224. Petit vase en forme d'animal.

225. Rhyton en forme de dent d'éléphant.

226. Trois petits vases réunis et surmontés d'une anse élevée. Forme rare.

227. Petite outre, décorée d'un protome de bélier.

228. Gourde.

229. Deux autres.

230. Trois petites patères.

231. Gourde lenticulaire.

232. Deux guttus à anse surélevée.

233. Deux petites œnochoés.

234. Très-beau prochous muni de deux appendices.

235. Vase à trois anses.

236. Grand guttus à anse double et surélevée.

237. Deux autres plus petites.

238. Beau lécythus à goulot droit.

239. Guttus piriforme.

240. Trois petits aryballes à goulot en forme de bec d'oiseau.

VASES A ORNEMENTS NOIRS

SUR FOND ROUGE

241. Vase à quatre anses, muni de son couvercle.

242. Œnochoé à goulot trilobé.

243. Amphore. — Lécythus en forme de baril.

244. Petite œnochoé. — Autre à panse sphérique.

245. Petite amphore à panse sphérique. — Œnochoé en forme de baril.

246. Coupe à deux anses.

247. Autre sans anses. — Patère.

VASES EN TERRE ROUGE, ETC.

248. Œnochoé.

249. Simpulum.

250. Gourde lenticulaire.

251. Petite tasse noire.

252. Deux coupes, dont l'une portant à l'intérieur l'estampille : ΚΑΛΑ.

253. Sous ce numéro seront vendus un grand nombre de poteries non cataloguées, les doubles des numéros précédents.

LAMPES

254. Buste de Minerve. — Silène luttant avec un bélier. — Sirène.

255. Actéon. — Deux masques comiques. — Char en course.

256. Combat de deux gladiateurs. ℟. Nom du potier gravé à la pointe.

257. Gladiateur. — Armes de gladiateur.

258. Pièces d'armure disposées en cercle.

259. Lion. — Molosse. — Bélier.

260. Lapin. — Ibis et crabe. — Insecte. ℟. Semelle. — Fleuron. ℟. Monogramme.

261. Sous ce numéro seront vendues trente-trois lampes grecques, romaines et byzantines.

Neuvième Collection

VERRERIE

262. Grand flacon en verre vert, avec traces de dorure.

263. Petit flacon piriforme, même matière, traces de dorure.

264. Autre petit flacon, vert émeraude.

265. Flacon allongé en verre jaune.

266. Petit flacon à onguent. Verre jaune.

267. Verre pomiforme à anse plate.

268. Petit lécythus en verre verdâtre.

269. Très-beau verre globulaire orné de lignes en relief. Irisation nacrée. Forme très-rare.

270. Petite coupe se rétrécissant vers le haut. Irisation nacrée.

271. Coupe. Irisation verdâtre.

272. Verre à boire. Irisation nacrée.

273. Autre, se rétrécissant vers l'orifice.

274. Patère.

275. Deux flacons à panse comprimée et à goulot allongé.

276. Petite coupe.

277. Grand flacon pomiforme.

278. Autre, à panse piriforme.

279. Autre, plus petit.

280. Sous ce même numéro seront vendus neuf verres, les doubles des numéros décrits.

Dixième Collection

VERRERIE

281. Petit flacon opaque imitant les veines du marbre.
282. Flacon piriforme, verre jaune.
283. Grand flacon en verre verdâtre.
284. Autre, vert foncé.
285. Trois patères.
286. Flacon piriforme, muni d'une anse.
287. Deux autres, plus petits.
288. Flacon à anse plate.
289. Deux lécythus.
290. Trois petites coupes.
291. Verre à boire, se rétrécissant vers le fond.
292. Verre à boire.
293. Autre, se rétrécissant vers l'orifice.
294. Autre, de forme plus simple.
295. Petite coupe ombiliquée.
296. Verre orné de cercles en creux.
297. Autre, orné de lignes gravées.
298. Petite coupe.
299. Petit vase sans anses. — Petit flacon irisé.
300. Petit flacon allongé ; magnifique irisation dorée.
301. Trois petits flacons piriformes irisés.

302. Grand flacon à panse écrasée ; patine marbrée (Pavonazzetto).

303. Autre, plus petit, irisation nacrée.

304. Autre, irisation vert et or.

305. Flacon à goulot allongé, la panse en forme de clochette.

306. Grand flacon pomiforme.

307. Autre, irisation bleuâtre.

308. Flacon pomiforme, jaunâtre.

309. Deux autres, plus petits, irisation blanche et vert-émeraude.

310. Quatre petits flacons piriformes irisés.

311. Trois flacons à baume. Belle irisation.

312. Quatre très-petits flacons à onguent.

313. Cinq autres.

314. Sous ce numéro sera vendu un grand nombre de verres antiques, les doubles des numéros précédents.

Onzième Collection

ALBATRE

315. Alabastron phénicien.

316. Deux petits alabastra.

317. Petite amphore (l'une des anses est brisée.)

318. Autre, à anses travaillées à jour (l'une d'elles est brisée.)

VASES DE L'ANCIEN STYLE

ORNEMENTS ROUGES ET NOIRS SUR FOND BLANC

319. Vase en forme de canard.
320. Autre, plus petit.
321. Deux autres.
322. Petit baril. — Scyphus à anse surélevée. — Petit simpulum.
323. Simpulum. — Vase globulaire avec une anse.
324. Quatre patères.
325. Scyphus à deux anses. — Tasse à trois anses.
326. Trois petits guttus de formes variées.
327. Amphorisques. — Deux petites coupes.
328. Œnochoé.
329. Cylix ornée de fleurs de lotus.
330. Autre.

VASES ROUGES

A ORNEMENTS NOIRS

331. Amphore.
332. Deux amphorisques. — Guttus.
333. Trois petits lécythus.
334. Petit vase peint, cannelé; genre de la fabrique de Gnathia.

LAMPES

335. Venus Epitragia.

336. Bacchante. — Armes de gladiateur.

337. Armes de gladiateur.

338. Rameaux.

339. Grande lampe à anse triangulaire.

340. Huit autres lampes.

341. Sous ce même numéro, on vendra un grand nombr de poteries antiques.

Douzième Collection

POTERIE

342. Deux lécythus d'ancien style.

343. Gourde.

344. Guttus à deux anses.

345. Deux petits guttus.

346. Trois petits lécythus.

347. Œnochoé (ornements noirs sur fond rouge.

348. Deux patères.

349. Amphorisque et lécythus.

350. Sous ce numéro seront vendus les doubles des numéros précédents.

MÉDAILLES

MÉDAILLES GRECQUES

1. Marseille, Cales, Néapolis, Tarente. 6 pièces Æ. et 2 Br.
2. Métaponte, Thurium, Vélia, Copia, Bruttium. 3 p. Æ. et 4 Br.
3. Caulonia, Crotone, Locres, Nuceria, Rhegium, Agrigente, Catane, Centuripae, Menaenum, Mamertini, Panorme, Lipara. 3 p. Æ. et 16 Br.
4. Syracuse. 4 pièces Æ., dont une au ℞. du Pégase.
5. Syracuse, Tauromenium, Agathocle, Hiéron I et II; en tout 18 p. de Br.
6. Philistis; tétradrachme. Æ.
7. Lysimaque, tétradrachme. — Macédoine. Buste de Diane. ℞. Massue; tétradrachme. — Amyntas. PB.
8. Philippe II et III, Alexandre le Grand, Cassandre. 4 p. Æ. et 5 PBr.
9. Dyrrhachium, Athènes, Corinthe, Argos, Histiée. 5 p. Æ.
10. Sinope, Amisus et Prusias, roi de Bithynie. 1 p. Æ. et 2 Br.
11. Ephèse (cistophore) et Smyrne. 4 p. Æ. et 1 Br.
12. Aspendus, Ariarathe V de Cappadoce, Mopsueste. 2 p. Æ. et 1 Br.
13. Séleucus I, roi de Syrie; tétradrachme. Æ.
14. Antiochus II de Syrie; tétradr. Æ. — Antiochus VI, Dionysos. PB.

15. Demetrius I; tétradr. et drachme.

16. Antiochus VII, tétradr. Æ. — Ville d'Antioche, 2 PB. — Sapor II, roi sassanide. Æ.

17. Ptolémée I, tétradr. Æ.

18. Bérénice, Cléopatre et autres bronzes des rois d'Égypte. 11 pièces.

MÉDAILLES ROMAINES

19. Tuder (en Ombrie) : Main armée du ceste. ℟. Deux massues. Triens.

20. As et semis coulés, du plus grand module.

21. As et semis coulés, plus petits.

22. Sextans (tête de Mercure). — Deux autres avec la coquille et la tortue. — PB. avec deux roues.

23. As et semis frappés. — Monnaies de cuivre de fabrique campanienne. 17 p.

24. Bronzes des familles Caecilia, Calpurnia, Marcia, Pompeia, Tituria, Vibia. 6 p.

25. Monnaie de br. de la famille Oppia. Très-belle.

26. Aburia, Aemilia, Allia, Antestia, Antonia, etc. 10 deniers Æ.

27. Carisia, Cassia, Cipia, Claudia, etc. 10 deniers. Æ.

28. Domitia, Fabia, Fannia, Flaminia, Furia, Julia, etc. 10 deniers. Æ.

29. Junia, Licinia, Lucilia, Maiania, etc. 10 deniers. Æ.

30. Minucia, Naevia, Papinia, etc. 11 deniers. Æ.

31. Renia, Roscia, Rubria, Saufeia, Sergia, Servilia, etc. 17 deniers. Æ.

32. Jules César, frappé à Corinthe. PB.

33. César et Auguste. ℞. Proue de vaisseau. GB. fr. à Vienne.

34. César. ℞. Auguste. GB. — Auguste. ℞. Divos Julius, dans une couronne de laurier. GB.

35. Tête d'Auguste. ℞. Tête de Jupiter et légende punique. GB. fr. à Sabrata. Beau et rare.

36. Auguste. ℞. Aigle. MB. — Même type, restitution de Titus. — ℞. Foudre. MB. — ℞. Autel de Lyon. MB. — ℞. Aigle éployé. PB.

37. Tibère. ℞. Divo Augusto, et ob cives ser., dans une couronne de chêne. GB.

38. GB. de C. Cassius Celer. ℞. Couronne, branches de laurier, etc. — GB. au même type, de P. Licinius Stolo.

39. Auguste et Livie. GB. fr. à Romula (Séville) en Espagne. — Auguste et Agrippa. MB. de Nîmes.

40. Tibère. ℞. Temple du Capitole. GB. en cuivre jaune. — Tibère. ℞. Augusta Emerita. GB.

41. Tibère. GB. frappé à Oea de Syrtique. Beau et rare.

42. — ℞. Caducée et cornes d'abondance. — ℞. SC 24e puissance tribunicienne. — ℞. Vesta assise. — Même ℞. avec SC. — ℞. Caducée ailé. — ℞. Globe et gouvernail. En tout 6 MB.

43. Drusus. ℞. Deux têtes d'enfants dans des cornes d'abondance. GB.

44. Germanicus. ℞. Ob cives servatos, dans une couronne. GB.

45. — ℞. Noms et titres de Claude. MB. — Caligula. ℞. Allocution. GB.

46. Caligula; la Piété assise. ℞. Sacrifice devant le temple d'Auguste. GB.

47. Claude. ℟. Statue équestre sur un arc de triomphe. GB. — ℟. Ob cives servatos, dans une couronne. GB.

48. — ℟. L'Espérance. Restitution de Titus. Belle et rare. GB.

49 — ℟. Minerve. MB. — ℟. Cérès assise. MB. — ℟. Taureau. PB. d'Alexandrie. — Modius. PB.

50. Néron. ℟. Cérès et Annona. GB.

51. — ℟. Le même. GB. en cuivre jaune.

52. — ℟. Decursio. GB. Cuivre jaune.

53. — ℟. Le même. GB. — ℟. Congiaire. GB.

54. — ℟. Congiaire. GB. — ℟. Allocution. GB.

55. — ℟. Arc d'honneur. GB. — ℟. Rome assise. GB.

56. — ℟. Victoire. MB. Beau.

57. Néron. 4 MB. aux ℟. de la Victoire, de la Sécurité et de l'Apollon citharède.

58. Néron et Poppée. Potin d'Alexandrie, an 10.

59. Néron. ℟. Buste de l'Egypte. Potin d'Alexandrie, an 12. — Chouette sur un autel. ℟. Olivier. PB.

60. Galba. ℟. Ob civ. ser., dans une couronne. GB.

61. — ℟. La Liberté. GB. — ℟. Aigle entre deux enseignes. MB.

62. Othon. ℟. SC. dans une couronne. MB. Fr. à Antioche.

63. Othon. ℟. Le même. GB., frappé à Antioche. Très-beau.

64. Vitellius. ℟. La Concorde assise. MB.

65. Vespasien. ℟. La Fortuna redux. GB.

66. — ℟. La Victoire devant un palmier. GB.

67. — ℟. L'Espérance. GB. — ℟. La Paix. GB. — ℟. La Foi. MB.

68. Titus. ℟. La Félicité. GB. — ℟. Mars portant un trophée GB. — ℟. La Victoire. GB.

69. — ℟. L'Espérance. GB. — ℟. La Paix. GB.

70. — 4 MB. aux ℟. de Vesta assise, de la Paix, de l'Équité et de l'Espérance.

71. Julie. ℟. Vesta assise. MB.

72. — Carpentum. GB.

73. Domitien. ℟. L'empereur couronné par la Victoire. GB.

74. — ℟. L'empereur à cheval terrassant un ennemi. GB. — ℟. La Paix devant un trophée. GB.

75. — ℟. Minerve. GB. — ℟. Jupiter victor, assis à g. GB.

76. — ℟. Minerve. GB. — ℟. La Valeur. MB. Beau. — 3 autres MB. aux ℟. de l'Espérance, de Mars portant un trophée, et de la Concorde.

77. — ℟. Jupiter Conservateur debout. MB. Rare.

78. — ℟. Minerve. Æ. — Rhinocéros. PB. — Tête casquée de Rome. PB.

79. Nerva. ℟. La Fortune. GB.

80. -- Même ℟. GB. et MB.

81. — ℟. La Justice. Æ. — ℟. La Liberté. Æ.

82. Trajan. ℟. Temple de Trajan. GB. Beau et rare.

83. — ℟. La Santé assise. GB.

84. — ℟. La Paix assise. GB. — ℟. La Paix debout. GB. — Trajan à cheval terrassant un Parthe. GB.

85. — ℟. Investiture du roi parthe. GB. Rare. — ℟. La Paix assise. GB. — ℟. Victoire dans un bige. GB. frappé à Alexandrie, an 12.

86. — ℟. La Dacie assise devant un trophée. GB. — ℟. La colonne Trajane. MB.

87. — ℞. Trois enseignes. MB., beau. — Trois autres MB. aux ℞. de la Paix assise, de l'Annona et de l'empereur terrassant un ennemi. — ℞. Victoire. Æ.

88. Hadrien. ℞. La Fortuna redux assise. GB.

89. — ℞. Neptune. GB. — ℞. La Concorde tenant deux enseignes militaires. GB.

90. — ℞. L'Equité. GB. — ℞. Fortuna redux. GB.

91. — ℞. Arrivée de l'Auguste en Espagne. GB. rare.

92. — ℞. Arrivée de l'Auguste en Judée. GB. rare.

93. — ℞. La Santé devant un autel. GB. — ℞. L'Espérance. GB. — ℞. L'Équité. GB.

94. — ℞. L'Annona. GB. — ℞. La Providence. GB.

95. — 6 MB. aux ℞. de la Concorde assise, de la Santé, de l'Égypte, etc.

96. — ℞. Panthère. PB. fr. à Alexandrie, an 11. — Denier d'Æ.

97. Aelius César. ℞. La Concorde. GB. — 2 MB. aux ℞. de l'Espérance et de la Pannonie.

98. Antonin. ℞. La Santé devant un autel. GB. — ℞. La Victoire. GB. — ℞. Char triomphal à g. GB.

99. — 4 GB. aux ℞. de l'Espérance, de Rome assise, de la Concorde, etc.

100. — 3 MB. aux ℞. de la Liberté, etc. — Potin d'Alexandrie (an 5); ℞. Neptune. — 2 deniers d'Æ.

101. Faustine mère. 3 GB. aux ℞. de Cérès et de l'Éternité.

102. — 3 GB. aux ℞. de la Piété, de Junon, etc.

103. — 3 MB. aux ℞. de Vesta, du croissant, etc.

104. — ℞. Augusta. Æ.

105. M. Aurèle. ℞. La Victoire parthique. GB. — ℞. Jupiter assis. GB.

106. — ℟. L'Équité assise. GB.—℟. Consécration (aigle). GB.

107. — jeune. ℟. La Piété. GB.—℟. Minerve. GB.— ℟. La Paix, GB.

108. — ℟. Consécration (bûcher). GB. très-rare.

109. — 4 GB. aux ℟. de la Providence, de la Victoire germanique, etc.

110. — 3 MB. aux ℟. de la Consécration (aigle sur un autel), du vaisseau et des instruments pontificaux.

111. — 2 MB. aux ℟. de l'Honneur et de la Victoire.

112. — ℟. Vaisseau. MB. — ℟. Providence. Æ.

113. Faustine jeune. ℟. La Santé assise, etc. 2 GB.

114. — ℟. Vénus portant une pomme et un gouvernail. GB.

115. — 3 GB. aux revers de l'Éternité, de l'Allégresse et de la Consécration (paon enlevant une femme).

116. — 2 MB. aux ℟. de Cybèle, etc. — ℟. Vénus. Æ.

117. L. Vérus. ℟. Parthe assis. Æ.

118. — 3 GB. aux ℟. de la Victoire parthique, etc.

119. — ℟. Victoire. GB.

120. — 4 MB. aux ℟. de la Concorde, de la Victoire parthique, etc.

121. Lucille. 3 GB. aux ℟. de Junon Lucina et de Vesta.

122. — 2 GB. aux ℟. de la Piété et de Vénus.

123. — 2 MB. aux ℟. de la Piété, etc.

124. Commode. 4 GB. aux ℟. de l'Annona, de la Fortune, du Prince de la jeunesse, etc.

125. — 2 GB. ℟. L'Hercule romain et trophée germanique.

126. — ℟. Auctor pietat., etc. GB. rare. — ℟. Apollon. GB. rare.

127. — 4 MB. aux ℟. de l'Équité, de la Valeur, etc.

128. — ℟. Victoire. Æ. — ℟. Mars portant un trophée. Æ.

129. Crispine. ℟. La Pudicité. GB. — ℟. La Santé assise à g. GB.

130. — ℟. Santé assise. GB. — ℟. L'Allégresse. GB. — Même ℟. MB.

131. Pertinax. ℟. La Providence. GB. rare.

132. Manlia Scantilla. ℟. Junon Reine. GB. rare.

133. Albin. ℟. La Concorde assise à g. GB.

134. — ℟. Minerve pacifère. GB.

135. — ℟. Mercure. Saeculo frugifero. MB.

136. Sept. Sévère. ℟. La Paix debout. GB.

137. — ℟. Adventui Aug. felicissimo. GB. rare. — Deux Victoires portant un bouclier. GB.

138. — 4. GB. aux ℟. de la Valeur, de l'Annona, etc.

139. — ℟. La Valeur assise à g. MB. — ℟. Votis decennalibus. Æ.

140. Julie Domne. ℟. Femme assise. GB. — ℟. L'Allégresse. GB.

141. — Cybèle assise. GB. rare. — ℟. Pégase. MB. fr. à Corcyre.

142. — 2 deniers d'Æ aux ℟. de la Piété et de la Félicité.

143. Caracalla. ℟. Fortune assise à g. GB. — ℟. Congiaire (Liberalitas Augg.). GB.

144. — ℟. Congiaire (Lib. Aug. VIIII). GB. très-rare.

145. — ℟. Neptune. GB. rare. — ℟. Esculape. GB.

146. — 3 MB. aux ℟. de la Providence et de la Victoire.

147. — ℞. Mercure assis dans un temple. MB. colonial.

148. — ℞. La Libéralité. PB. — ℞. Hercule. Æ.

49. Plautille. ℞. La Piété. MB. — 2 PB., dont l'un fr. à Corcyre.

150. Geta. Tête barbue. ℞. La Paix assise à g. GB.

151. — Un MB. et un denier. Æ.

152. Macrin. ℞. Jupiter Conservateur. GB.

153. — ℞. Char triomphal à g. MB. — ℞. Temple. MB. fr. à Béryte.

154. Diaduménien. ℞. Prince de la Jeunesse. MB.

155. Elagabal. ℞. La Victoire. GB. — ℞. Le Soleil. GB. — ℞. La Liberté. MB.

156. — ℞. Temple. MB. frappé à Béryte. — ℞. Europe. MB. fr. à Sidon. — ℞. Fides exercitus. PB.

157. — ℞. La Victoire. Æ. — ℞. Fides militum. Æ.

158. Julia Paula. ℞. La Concorde. Bil. — ℞. Concordia æterna. MB.

159. Aquilia Severa. ℞. La Concorde. GB.

160. Julia Soaemias. ℞. Vénus céleste. GB.

161. Julia Maesa. ℞. La Fécondité. GB. — ℞. La Pudicité. Æ.

162. Sévère Alexandre. ℞. Mars portant une branche d'olivier. Æ. — ℞. Annona. GB. — ℞. La Paix. GB.

163. — ℞. Jupiter vengeur. GB. — ℞. Mars vengeur. GB. — ℞. L'Empereur en habit militaire. GB.

164. — ℞. Jupiter Conservateur. GB. — ℞. La Liberté. MB.

165. Orbiane. ℞. La Concorde assise. GB.

166. Julie Mamée. ℞. Venus victrix. GB. — ℞. Venus felix assise. GB. — ℞. Vesta. GB.

167. — ℞. La Félicité publique. GB. — ℞. Venus felix debout. GB. — 2 MB. ℞. de Vesta et de Venus victrix.

168. — ℞. Vesta. Bil. — ℞. Junon conservatrice. Bil. — Maximin. ℞. La Victoire. Bil.

169. Maximin. ℞. Fides militum. GB.—℞. La Providence. GB.

170. — L'Empereur entre deux enseignes militaires. GB. — 3 MB. aux ℞. de la Paix et des instruments pontificaux.

171. Gordien d'Afrique, fils. ℞. Virtus Augg. GB. très-rare.

172. Balbin. ℞. Votis decennalibus. GB. rare.

173. Pupien. ℞. L'Empereur tenant un rameau d'olivier. GB.

174. — ℞. La Paix publique, assise à g. GB.

175. Gordien III. ℞. Felicitas temporum. GB. — ℞. L'Éternité. GB. — ℞. L'Allégresse. GB. — ℞. Fortuna redux, assise. GB.

176. — 3 GB. aux ℞. de la Sécurité, etc. — 2 MB. aux ℞. de l'Éternité, etc.

177. — 3 Bil. aux ℞. de Rome assise, de Jupiter Stator, etc.

178. Gordien et Tranquilline. GB. fr. à Nisibi.

179. Philippe père. 3 GB. aux ℞. de la Paix, de la Sécurité et de la Victoire.

180. — 3 GB. aux ℞. de l'Équité, de l'Éternité (éléphant), etc. — ℞. Temple construit sur une montagne. GB. fr. à Zeugma.

181. — 2 MB. aux ℞. de l'Abondance et des Jeux séculaires.

182. — 4 Bil. aux ℞. de la Noblesse, des Jeux séculaires (lion), etc. — Otacilie. 3 Bil.

183. Otacilie. ℞. La Pudicité. GB. — ℞. La Piété. GB. (deux exempl. variés).

184. Philippe fils. 2 Bil. ℟. Prince de la Jeunesse.

185. — 2 GB. aux ℟. de la Paix, etc.

186. — ℟. Liberalitas. GB.

187. — ℟. Cippe; Saeculares Augg. GB. rare.

188. — ℟. Temple. GB. fr. en Cyrrhestique.

189. — ℟. Prince de la Jeunesse. MB. — ℟. La Paix. MB. — Trajan Dèce. 2 GB. aux ℟. de la Victoire et de la Valeur.

190. Étruscille. ℟. La Pudicité. GB. — Même ℟. MB. et Bil.

191. Herennius Etruscus. ℟. Piété. GB. — Même ℟. en MB. — ℟. Prince de la Jeunesse. Bil.

192. Hostilien. ℟. Prince de la Jeunesse. GB. — ℟. La Santé. GB.

193. Trébonien Galle. ℟. Temple de Junon maritalis. GB. rare. — ℟. Aigle. Potin d Antioche. — ℟. La Concorde. MB. — ℟. Annona et la Paix. 2 Bil.

194. Volusien. ℟. La Libéralité. GB. — ℟. Apollo salutaris. GB. — ℟. La Concorde. MB. — ℟. La Santé, etc. 3 Bil.

195. Émilien. ℟. Votis decennalibus. GB. — Valérien. ℟. La Félicité. GB. — 2 MB., 1 PB. et 2 Bil. aux ℟. de Jupiter Conservateur, etc. — PB. d'Alexandrie (an 1).

196. Mariniane. ℟. Consécration. GB.

197. — ℟. Le même. MB.

198. — ℟. Le même. PB. et Bil.

199. Gallien. GB., 2 PB. et 2 Bil. dont un avec le trophée germanique.

200. Salonine. ℟. Piété assise. GB.

201. — 5 Bil. et PB. aux ℟. de Venus victrix, etc.

202. Salonin. ℟. Consécration (bûcher). GB. très-rare.

203. — ℞. Pietas Augg. Instruments pontificaux. MB. très-rare. — 3 Bil. aux ℞. de la Consécration, de Jupiter crescens, etc.

204. Postume. ℞. vaisseau. GB. — ℞. La Paix. MB.

205. Postume, Lélien et Victorin. 7 PB.

206. Marius. ℞. Saec. felicitas. PB.

207. Marius, Tetricus père et fils, Claude le Gothique, Aurélien, Quintillus. 22 PB.

208. Sévérine, Aurélien et Vaballathe, Tacite, Florianus, Probus, Carus, Numerianus, Carinus. 41 PB.

209. Dioclétien, Maximien, Constance Chlore. 27 Br.

210. Théodora (℞. Pietas romana), Hélène, Gal. Maximien. 10 Br.

211. Carausius. ℞. La Paix. PB. — Allectus. ℞. vaisseau. Virtus Aug. PB.

212. Sévère II, Maximin Daza, Maxence, Licinius père et fils, Constantin I, Crispus, Fausta, Constans, etc. 56 Br.

213. Vetranio. ℞. Concordia militum, PB. — Magnence, Décence. 4 PB.

214. Julien l'Apostat. 3 Br.

215. Jovien (℞. vot. V. mult. X). PB. — Valentinien, Valens, Gratien, etc. 17 Br.

216. Flaccille (℞. Salus rei publicæ). PB. — Maxime, Victor, Honorius, Arcadius. 14 Br.

217. Jean. ℞. Salus. PB.

218. Eudoxie, Marcien, etc. 4 PB.

219. Avitus. ℞. Enseigne militaire entre deux figures. PB.

220. Valentinien III, etc. 8 PB.

221. Sous ce numéro sera vendu un lot de médailles modernes et de pièces fausses.

www.ingramcontent.com/pod-product-compliance
Lightning Source LLC
LaVergne TN
LVHW010008230826
846092LV00002B/708

* 9 7 8 2 3 2 9 5 2 4 2 4 5 *